CONFESSIONS

DE

J. J. ROUSSEAU.

Noms qui ne sont indiqués que par des lettres initiales dans les éditions imprimées.

Morceaux inédits ou différences qui se trouvent entre le manuscrit offert à la Convention par THÉRÈSE LEVASSEUR, *et les éditions de Rousseau.*

Le Manuscrit de THÉRÈSE LEVASSEUR, porte l'épigraphe suivante, qu'on ne trouve dans aucune des éditions.

Intùs et in cute.

SE VEND A PARIS,

CHEZ
VINCENT LEBRETON, Libraire, rue du Théâtre Français, N°. 16.
PICHARD, Libraire, Quai Voltaire, N°. 18.
DESENNE, Libraire, au Palais-Égalité.

CONFESSIONS

DE

J. J. ROUSSEAU.

Morceaux inédits, ou différences qui se trouvent entre le manus-crit offert à la Convention par Thérèse le Vasseur et les édi-tions de Rousseau.

Il y a dans le manuscrit des Confessions quatre morceaux de quelque étendue qui n'ont point été imprimés. Manquaient-ils dans l'original qui a servi à l'édition des Confessions ? Les aura-t-on jugés d'un trop faible intérêt ? Le vice qu'ils expriment leur aurait-il imprimé une note de répro-bation ? Tout cela est possible. Au sur-plus voici le premier de ces morceaux. C'est le seul qui offre quelques détails de mœurs, dignes d'être publiés.

Dans l'Édition de Genève, Tom. XIX, Liv. II, Pag. 133.

Après ces mots : *qui l'incommodait*, J. J. raconte les sales propositions que lui fit un Sodomiste, dans l'Hospice des Cathécumènes et l'horreur qu'il en conçut :

« Tandis que duraient ces petites ergoteries et que les jours se passaient à disputer, à marmoter des prières et à faire le vaurien, il m'arriva une petite vilaine aventure assez dégoutante et qui faillit même à tourner mal pour moi.

» Il n'y a point d'âme si vile, de cœur si barbare, qui ne soit susceptible de quelque sorte d'attachement. L'un de ces deux bandits qui se disaient Maures, me prit en affection. Il m'acostait volontiers, causait avec moi dans son baragouin franc, me rendait de petits services, me fesait part de sa portion à table et me donnait sur-tout de fréquens baisers avec une ardeur qui m'était fort incomode. Quelqu'effroi que j'eusse naturellement de ce visage de pain d'épice, orné d'une longue balafre et de ce regard allumé qui semblait plutôt furieux que tendre, j'endurais ces baisers, en me disant en moi-même :: le pauvre homme a conçu pour moi une amitié bien vive ! j'aurais tort de le rebuter. Il passait par dégrés à des manières plus libres et me tenait quelque-fois de si singuliers propos, que je croyais que la tête lui avait tourné. Un soir il voulut venir coucher avec moi. Je m'y opposai, disant que mon lit était trop petit. Il me pressa d'aller dans le sien, je le refusai encore ; car ce misérable était si mal-propre, et puait si fort le tabac mâché, qu'il me fesait mal au cœur.

» Le lendemain d'assez bon matin, nous étions tous deux seuls dans la Salle d'assemblée : il recommença ses caresses, mais avec des mouvemens si violens qu'il en était effrayant. Enfin il voulut passer par dégrés aux privautés les plus choquantes....., je me dégageai impétueusement , en poussant un cri , et fesant un saut en arrière , sans marquer ni indignation , ni colère , car je n'avais pas la moindre idée de ce dont il s'agissait ; j'exprimai ma surprise et mon dégoût avec tant d'énergie qu'il me laissa là. Mais tandis qu'il achevait de se démener, je vis . . . . . , je m'élançai sur le balcon, plus ému, plus troublé, plus effrayé même que je ne l'avais été de ma vie et prêt à me trouver mal.

„ Je ne pouvais comprendre ce qu'avait ce malheureux : je le crus atteint du haut mal ou de quelqu'autre frénésie plus terrible , et véritablement je ne sache rien de plus hideux à voir pour quelqu'un de sang froid, que cet obscène et sale maintien , et ce visage affreux, enflammé de la plus brutale concupiscence. Je n'ai jamais vu d'autre homme en pareil état ; mais si nous sommes ainsi près des femmes, il faut qu'elles aient les yeux bien fascinés pour ne pas nous prendre en horreur.

Je n'eus rien de plus pressé que d'aller conter à tout le monde ce qui venait de m'arriver. Notre vieille intendante me dit de me taire ; mais je vis que cette histoire l'avait fort affectée et je l'entendais grommeler entre ses dents : *can maledet, brutta bestia*. Comme je ne comprenais pas pourquoi je devais me taire , j'allai toujours mon train , malgré la défense , et je bavardai tant, que le lendemain un des administrateurs vint de bon matin m'adresser une mercuriale assez vive , m'accusant de compromettre l'honneur d'une maison sainte et de faire beaucoup de bruit pour peu de mal.

« Il prolongea sa censure , en m'expliquant beaucoup de choses que j'ignorais , mais qu'il ne croyait pas m'apprendre , persuadé que je m'étais défendu sachant ce qu'on me voulait , mais ne voulant pas y consentir. Il me dit gravement que c'était une œuvre défendue comme la paillardise , mais dont au reste l'intention n'était pas plus offensante pour la personne qui en était l'objet et qu'il n'y avait pas de quoi s'ir-

riter si fort, pour avoir été trouvé aimable.
Il me dit sans détour, que lui-même dans
sa jeunesse avait eu le même honneur,
et qu'ayant été surpris hors d'état de faire
résistance, il n'avait rien trouvé là de si
cruel. Il poussa l'impudence jusqu'à se servir
des propres termes, et s'imaginant que la
cause de ma résistance était la crainte de la
douleur, il m'assura que cette crainte était
vaine, et qu'il ne fallait pas s'allarmer de
rien.

» J'écoutais cet infâme avec un étonne-
ment d'autant plus grand qu'il ne parlait
point pour lui-même ; il semblait ne m'ins-
truire que pour mon bien. Son discours
lui paraissait si simple qu'il n'avait pas
même cherché le secret du tête-à-tête,
et nous avions en tiers un ecclésiastique
que tout cela n'effarouchait pas plus que
lui. Cet air naturel m'en imposa tellement
que j'en vins à croire que c'était sans doute
un usage admis dans le monde et dont je
n'avais pas eu plutôt occasion d'être instruit.
Cela fit que je l'écoutai sans colère, mais
non sans dégoût. L'image de ce qui m'était

arrivé , mais surtout de ce que j'avais vu ,
restait si fort empreinte dans ma mémoire,
qu'en y pensant, le cœur me soulevait encore , sans que j'en sçusse d'avantage.
L'aversion de la chose s'étendit à l'apolo-
giste , et je ne pus me contraindre assez ,
pour qu'il ne vit pas le mauvais effet de
ses leçons. Il me lança un regard peu ca-
ressant, et dès-lors il n'épargna rien pour
me rendre le séjour de l'hospice désagréable.
Il y parvint si bien que n'appercevant
pour en sortir qu'une seule voie , je m'em-
pressai de la prendre , autant que je m'étais
efforcé de l'éloigner.

» Cette avanture me mit pour l'avenir
à couvert des entreprises des chevaliers de
la manchette ; et la vue des gens qui
passaient pour en être, me rappelant l'air et
les gestes de mon effroyable maure , m'a toujours inspiré tant d'horreur que j'avais peine
à la cacher. Au contraire les femmes gag-
nèrent beaucoup dans mon esprit à cette
comparaison. Il me semblait que je leur
devais en tendresse de sentiment, en hom-

mage de ma personne, la réparation des offenses de mon sexe et la plus laide guenon devenait à mes yeux un objet adorable, par le souvenir de ce faux africain.

,, Pour lui, je ne sçais ce qu'on put lui dire ; il ne me parut pas, qu'excepté la dame Lorenza, personne le vit de plus mauvais œil qu'auparavant. Cependant il ne m'acosta ni ne me parla plus. Huit jours après il fut baptisé en grande cérémonie et habillé de blanc de la tête aux pieds, pour représenter la candeur de son ame régénérée ; le lendemain il sortit de l'hospice, et je ne lui jamais revu ,,.

,, Mon tour vint un mois après. *La suite est dans les éditions.*

Au Tom. XIX , *Livre III , pag.* 174.

Après ces mots : *et presqu'assuré d'être pris au moi* ; Rousseau raconte une anecdote qui se réduit à une poliçonerie. Tourmen-

té de desirs, il cherchait les réduits ca-
chés, les allées sombres pour s'exposer de
loin aux regards des femmes dans l'état
où il aurait voulu être auprès d'elles. Il était
plus ridicule qu'obscène. Un jour il s'établit
au fond d'une cour dans laquelle était
un Puits où les filles de la maison venaient souvent chercher de l'eau. Il y avait
une petite descente qui menait à des
caves dans lesquelles il espérait trouver
un refuge assuré, en cas de pour-
suite. Dans cette confiance, il offrait
aux filles qui venaient au Puits un spec-
tacle plus risible que séducteur. Les plus
sages feignirent de ne rien voir, d'autres
rirent, d'autres se crurent insultées et
firent du bruit. Il se sauva dans les caves;
il fut suivi et atteint par un homme et quatre
ou cinq vieilles femmes armées de manches
à balai. Il s'en tira par un mensonge assez
gauche, et l'homme qui l'avait saisi, le ga-
rantit des manches à balai.

Dans le même Volume, Livre IV, pag. 333.

Après ces mots : *ou je me trouvai déjà fort à l'étroit*, il raconte deux anecdotes du genre de la première, mais qui n'ont nul intérêt. Un homme, qui avait le vice du maure cathécumène, lui fit un soir, sur la place Bellecourt à Lyon, une proposition dont il eut horreur. Il se sauva à toutes jambes, comme s'il eût été poursuivi, tremblant et effrayé, comme s'il avait commis un crime.

Un autre soir que par économie, et surtout par honte d'aller coucher dans une auberge où il ne mangeait pas, car il vivait à une taverne pour vingt-cinq sols, il avait pris le parti de coucher sur un banc de la place, il fut acosté par un abbé qui parut touché de son sort et l'emmèna. L'abbé avait aussi les gouts dépravés du maure. Rousseau le contint par l'horreur qu'il témoigna pour ce vice. Il ajoute : « comme à Paris, ni dans aucune autre ville, jamais rien ne m'est arrivé de semblable à ces deux avantures, il

m'en est resté une impression peu avan-
tageuse au peuple de Lyon , et j'ai toujours regardé cette ville comme celle de
l'Europe où règne la plus affreuse disso-
lution. „.

———

Livre III , pag. 228, Tom. XIX.

Rousseau cite un exemple de ce qu'il
appelle sa balourdise en société. Cet exemple
n'a rien de piquant.

———

*Édition de Genève, Tome XIX, Livre pre-
mier, Page 18.*

Après ces mots : *je n'avais rien conçu,
j'avais tout senti.* Il y a dans le Manuscrit
la réflexion suivante :

« Et les malheurs imaginaires de mes
„ héros m'ont tiré cent fois plus de larmes
„ dans mon enfance, que les miens même
„ ne m'en ont jamais fait verser „.

Ces émotions que j'éprouvais, etc....

———

(14)

Même Livre, ibid. *Page* 77.

Après ces mots : *de ces dangereux livres,*
(Les livres licencieux.) on trouve cette
réflexion graveleuse, dont Rousseau n'est
pourtant pas l'inventeur, mais qu'il applique
à une femme ainsi qu'il suit :

« Livres qu'une belle dame de par le
» monde trouve incommodes, en ce qu'on
» ne peut les lire que d'une main ».

————

Tome XIX, Livre III, Page 135.

Après ces mots : *il vivait fort mal avec
elle,* on lit :

« Des gouts ultramontains la lui ren-
daient inutile, » et il la traitait si dure-
ment etc.

————

Tome XX, Livre V, Page 17.

Après cette phrase sur les Français : *Je
n'ai pu me guérir de ma folie ; je les aime,*

en dépit de moi, quoiqu'ils me maltraitent,
on lit la prédiction suivante dans le Manuscrit :

« En voyant déjà commencer la déca-
» dence de l'Angleterre que j'ai prédite
» au milieu de ses triomphes, je me
» laisse bercer du fol espoir que la na-
» tion française à son tour victorieuse,
» viendra peut-être un jour me tirer de
» la triste captivité où je vis ».

Tome XX, même Livre, Page 73.

Après ces mots : *pour lesquelles* (fadaises)
*j'eus toujours un tel dégoût qu'il ne m'est
arrivé de la vie d'en lire une à moi seul,*
on lit :

« Pour lui complaire, (à M. Duvivier
qui lui donnait à lire toutes ces nou-
veautés qu'on lui envoyait de Paris), » je
» prenais ces précieux torche-culs ; je les
» mettais dans ma poche, et je n'y son-
» geais plus que pour le seul usage aux-
» quels ils étaient bons ».

Tome XX, Livre V, Page 83.

Après ces mots : *la liaison fut bientôt faite*, (avec monsieur de Conzié.) On lit dans le manuscrit, par renvoi, ces mots :

« Je l'ai revu depuis, et je l'ai trouvé
» totalement transformé. O le grand ma-
» gicien que monsieur de Choiseul !.....
» Aucune de mes anciennes connoissances
» n'a échapé à sa métamorphose ».

Tome XX, Livre VI, Page 170.

Après ces mots : *il ne me restait que la bonne volonté*, il y a de plus dans le manuscrit :

» Et avant de nous séparer, je voulus
» jouer de ce reste, ce qu'elle endura par
» précaution contre les filles de Mont-
» pellier » etc.

Ibid. Livre VI , Page 187.

Après ces mots , adressés à l'ombre de madame de Warens : *mais votre cœur fut toujours pur.* J. J. continue ainsi : « qu'on
» mette le bien et le mal dans la balance ,
» et qu'on soit équitable : quelle autre
» femme, si sa vie secrète était manifestée ,
» ainsi que la vôtre , s'oserait jamais com-
» parer à vous ».

—————————

Tome XXX , Page 216.

N. B. La note qui se trouve au bas de cette page contre Grimm , n'est pas dans le manuscrit.

—————————

Tome XXXI , Livre VII , Page 8.

A la place de ces mots : *c'est l'histoire de mon âme ,* etc. jusqu'à l'alinéa, il y a dans le manuscrit :

« C'est l'histoire de mon âme que j'ai
» promise , et cette histoire devient désor-

» mais d'autant plus intéressante qu'elle est
» la clef d'un tissu d'événemens bien
» connus de tout le monde, mais qu'on
» n'expliquera jamais sans cela ».

Ibid. Livre VII, Page 35.

A la note qui se trouve au bas de la
page est substituée celle-ci dans le manuscrit :

« Voilà ce que j'aurais pensé toujours,
» si je n'étais jamais revenu à Paris »,

Tome XXXI, Livre VII, Page 40.

Après ces mots de l'imprimé : *je passai
ces huit jours dans un supplice que le plaisir
d'obéir à madame Dupin pouvait seul me
rendre souffrable.* Il y a dans le manuscrit :

« Car le pauvre Chenonceaux avait
» dès-lors cette mauvaise tête qui a failli
» deshonorer sa famille, et qui l'a fait

,, mourir à l'île de Bourbon. Pendant que
,, je fus auprès de lui , je l'empêchai de
,, faire du mal à lui-même ou à d'autres,
,, et voilà tout; encore ne fut-ce pas une
,, médiocre peine? ,, et je ne m'en serais
pas chargé , etc.

Tome XXXI , Livre VIII , Pag. 182.

L'imprimé porte : *« Je ne veux pas
exposer les jeunes-gens qui pourraient me
lire à se laisser abuser par la même erreur ;
je me contenterai de dire qu'elle fut telle
qu'en livrant mes enfans à l'éducation publique , faute de pouvoir les élever moi-
même . . . . je crus faire un acte de
Citoyen et de Père ; et je me regardai comme
membre de la république de Platon »*. Voici
comme ce morceau se trouve dans le manuscrit :

« Je ne veux pas exposer les jeunes-
,, gens qui pourront me lire à se laisser
,, abuser par la même erreur. Je me con-
,, tenterai de dire qu'elle fut telle que dès-

» lors je ne regardai plus mes liaisons avec
» Thérèse, que comme un engagement
» honnête et saint, quoique libre et vo-
» lontaire, ma fidélité pour elle , tant
» qu'ils duraient, comme un devoir indis-
» dispensable ; l'infraction que j'y avais
» faite une seule fois, comme un véritable
» adultère ; » et quant à mes enfans, en
les livrant à l'éducation publique, etc.

Ibid. Livre VIII , Page 265.

Après ces mots : *Moulton le fils* ; J. J.
ajoute : « qui pendant mon séjour à Genève
» fut reçu dans le ministère auquèl il a
» renoncé » : Jeune homme, etc.

Ibid. Livre VIII , Page 271.

A ces mots sur Tronchin qui, dit J. J.,
vint quelque-tems après à Paris , le manuscrit ajoute : *faire le saltimbanque.*

Tome XXXI , Livre IX , Page 352.

'Après ces mots de l'imprimé : *rendre mon séjour déplaisant* ; On a trouvé sur le manuscrit la note suivante :

« J'admire en ce moment ma stupidité
» de n'avoir pas vu quand j'écrivais ceci
» que le dépit avec lequel ces Holbackiens
» me virent aller et rester à la campagne,
» regardait principalement la mère Levasseur
» qu'ils n'avaient plus sous la main pour
» les guider dans leur système d'impostures
» par des points fixes de tems et de lieux.
» Cette idée qui me vint si tard, éclaircit
» parfaitement la bizarrerie de leur con-
» duite qui dans toute autre supposition,
» est inexplicable ».

———————

Tome XXXI , Livre VIII , Page 364.

Après ces mots : *les yeux un peu ronds du* portrait de madame d'Houdetot , on lit :
« mais elle avait l'air jeune avec tout cela

» et sa physionomie à-la-fois vive et douce
» était caressante, elle avait une forêt de
» grands cheveux noirs, etc.

Tome XXXII, Livre X, Page 64.

A ces mots sur Diderot : *l'un n'en avait
pas la méchanceté*, il ajoute dans le manuscrit :

  « J'avoue que depuis ce livre écrit,
» tout ce que j'entrevois à travers les
» mystères qui m'environnent, me fait
» craindre de n'avoir pas connu Diderot ».

Quelques différences entre le manuscrit de l'Emile, et l'édition la plus correcte, c'est-à-dire de la Haye, 4 Volumes in-8°.

JEAN NEAULME.

1762.

Tome premier, Livre premier, Page 10.

Après ces mots de l'imprimé : *Tout patriote est dur aux étrangers ; ils ne sont rien à ses yeux.* Il y a dans le manuscrit un astérisme qui désigne la note suivante :

« Aussi les guerres des Républiques sont-
» elles plus cruelles que celles des Mo-
» narchies. Communément la guerre des
» Rois est modérée, mais c'est leur paix
» qui est terrible ; il vaut mieux être leur
» ennemi que leur sujet ».

Tome premier , Livre premier , Page 3o.

A cette phrase de l'imprimé qui s'exprime ainsi : *je liens cette question dont les Médecins sont les juges pour décidée au souhait des femmes ,* il y a dans le manuscrit la note suivante sur les Médecins :

« La ligue des femmes et des médecins m'a toujours paru l'une des plus plaisantes singularités de Paris. C'est par les femmes que les médecins acquièrent leur réputation, et c'est par les médecins que les femmes font leurs volontés. On se doute bien par-là quelle est la sorte d'habileté qu'il faut à un médecin de Paris pour devenir célèbre ».

MANUSCRIT

IMPRIMÉ.　　MANUSCRIT.

Pag. 117, du Tom. II.
Livre III.

Oui, j'aime mieux cent fois le roi de Syracuse, maître d'école à Corinthe, et le roi de Macédoine, greffier à Rome, qu'un malheureux Tarquin ne sachant que devenir s'il ne règne pas ; que * l'héritier et le fils d'un Roi des Rois (Vonone fils de Phraate, roi des Parthes) jouet de quiconque ose insulter à sa misère, errant de cour en cour, cherchant par-tout des secours et trouvant partout des-affronts, faute de savoir autre chose qu'un métier qui n'est plus en son pouvoir.

* *Que l'héritier du possesseur de trois Royaumes ; jouet de quiconque, etc....*

Nota. Cette allusion au prétendant Stuart parut sans doute trop forte aux censeurs qui y suppléerent par un trait de l'histoire ancienne fort peu connu, firent enlever le feuillet, et le remplacèrent par un carton, ce qu'il est aisé de voir par l'astérisme, au bas de la pag. 117.

B

IMPRIMÉ.   MANUSCRIT.

Pag. 203, *du Tom. II,*
Livre IV.

Ce sont les erreurs de l'imagination qui transforment en vices les passions de tous les êtres bornés même des anges, *s'ils en ont** : car il faudrait qu'ils connussent la nature de tous les êtres, pour savoir quels rapports conviennent le mieux à la leur.

*Même des anges, *s'il y en a.*

Na. Voilà encore une des inquisitions du censeur qui eut le soin de faire enlever feuillet et d'y suppléer par un carton, où il changea les expressions de J. J. par celles-ci bien différentes : *s'ils en ont*

La feuille 203 est marquée d'un astérisme, comme tous les cartons.

CLEF

DÉS

NOMS QUI NE SE TROUVENT DÉSIGNÉS

QUE PAR DES LETTRES INITIALES.

Dans les éditions des Confessions de J. J. , d'après le manuscrit offert à la Convention par THÉRÈSE LEVASSEUR , *sa veuve.*

TOMES. (*)	LIV.	PAG.	LETTRES INITIALES.
XIX.	1er.	18.	G. * * *
	3e.	235.	M. * * *
	3e.	235.	Mad. * * *
	3e.	236.	M. * * *
	4e.	268.	Mlle. de G. * * *
XX.	5e.	4.	Le Comte de * * *

(*) On a suivi l'édition de Genève, in-8°., 1782.

NOMS Tels qu'ils sont dans le Manuscrit.	NOTES.
Gautier.	« Capitaine en France, et apparenté dans le Conseil de Genève ».
Mr. l'Intendant, à Annecy.	
Mad. Corvezy. . . . . Mr. Corvezy.	« Intendant à Annecy, qui trouvait mauvais que Monsieur d'Aubonne fît l'amour à sa femme ».
Mlle de Graffeuried.	« Jeune Bernoise fort aimable, dont J. J. fit rencontre en se promenant aux environs d'Annecy; il monta en croupe sur son Cheval, et l'accompagna à Tounes, ou elle allait avec Mademoiselle Galley ».
De St. Laurent.	« Intendant Général des Finances en Savoie, et propriétaire de la vieille Maison que Madame de Warens occupait à Chambéry ».

TOMES.	LIV.	PAG.	LETTRES INITIALES.	NOMS Tels qu'ils sont dans le Manuscrit.	NOTES.
X. X.	5e.	34.	Mlle. L.***	Mlle. Lard. (fille), à qui J. J. enseignait la musique.	
	5e.	34.	Mad. L.***	Mad. Lard, (mère). Épicière à Chambéry.	
	5e.	35.	Mr. L.***	Mr. Lard, (père)...	« Bonne pâte d'homme ; le vrai père de sa fille, et que sa femme ne trompait pas, parce-qu'il n'en était pas besoin ».
	5e.	37.	La Csse. de M.***	de Menthon,......	« Femme de Chambéry, de beaucoup d'esprit, mais méchante. Rousseau enseigna la musique à sa fille ».
	5e.	37.	A la maison d'A***	d'Antremont.	
	5e.	37.	Mad. de M***	Mad. de Menthon.	
	5e.	37.	Comte de ***	de S. Laurent.	
	6e.	157.	Mad. de ***	Mad. du Colombier..	« J. J. allant à Montpellier pour sa santé, fit rencontre de ces deux dames et du Marquis de Moirans.
	6e.	158.	Mad. N***	Mad. de Larnage....	» Madame du Colombier allait à Romans!
	6e.	158.	Au ***	au Bourg S. Andiol..	» Madame de Larnage, avec qui Rousseau se lia si étroitement, allait au Bourg Saint-Andiol près le pont Saint-Esprit.
	6e.	160.	Marquis de ***	Marq. de Torignan..	» Le Marquis malade, ainsi que J. J., grondeur et vieux au par-dessus, quitta la compagnie avant Montélimart ».
	6e.	171.	Au ***	au Bourg S. Andiol..	

TOMES.	LIV.	PAG.	LETTRES INITIALES.
XX.	6e.	179.	Leur substitut du ***?
	6e.	180.	La route du *** }
		182.	L'étape du *** }
XXXI.	7e.	18.	Mr. de B...
	7e.	19.	Mad. de B..
	7e.	31.	Mad. de B.....l.

NOMS Tels qu'ils sont dans le Manuscrit.	NOTES.
Bourg S. Andiol....	« C'est-à-dire Madame de Larnage. Ennuyé, dégoûté de l'ignorance et du charlatanisme des hippocrates de Montpellier, Rousseau se proposait d'aller au Bourg Saint-Andiol auprès de Madame de Larnage, suivre un régime dont il s'était déjà si bien trouvé pendant sa route. Il n'effectua pas son projet ».
Bourg S. Andiol.	
Mr. de Boze....., .	« Né à Lyon en 1680, mort en 1753. Secrétaire de l'académie des inscriptions, et Garde des médailles du cabinet du Roi. Il aimait le savoir, dit J. J., mais il était un peu pédant ».
Mad. de Boze, son épouse	« Elle aurait été sa fille; elle était brillante, et petite maîtresse ».
Mad. de Breuzenval..	« Très-bonne femme, mais bornée, et trop pleine de son illustre noblesse polonaise ».

Tomes.	Liv.	Pag.	LETTRES INITIALES.
XXXI.	7e.	31.	Mad. D...n.
	7e.	33.	Le présid. de L.....
	7e.	36.	Mad. D....n.
	7e.	36.	S....l B.....d
	7e.	35.	Mad. F......e

NOMS Tels qu'ils sont dans le Manuscrit.	NOTES.
Mad. Dupin	« Femme aimable et belle, mais sérieuse et froide : elle aimait à tenir grande société, à voir les grands, les gens-de-lettres, les belles femmes. Elle était une des trois ou quatre jolies femmes de Paris, dont le vieux abbé de Saint-Pierre avait été l'enfant gâté, et si elle n'avait pas eu décidément la préférence, elle l'avait partagée au moins avec Madame d'Aiguillon »
de Lamoignon......	« Il avait ainsi que Madame de Broglie, ce petit jargon de Paris, tout en petits mots, tout en petites allusions fines ».
Mad. Dupin, ... fille de Samuel-Bernard.... et de Mad. Fontaine.....	« Elles étaient trois sœurs : savoir, Madame de la Touche, Madame Darty, et Madame Dupin. Celle-ci, la plus belle des trois, et la seule à qui l'on n'ait pas reproché d'écart, fut le prix de l'hospitalité de Monsieur Dupin à qui sa mère la donna avec une place de Fermier - général ». R. 6.

TOMES.	LIV.	PAG.	LETTRES INITIALES.
XXXI.	7e.	36.	Mad. de la T....e
	7e.	36.	Le duc de K......n.
	7e.	36.	Mad. D...y
	7e.	36.	Mr. le P....e de C...i.
	7e.	39.	Mr. de F.......l fils de —
	7e.	39.	Mr. D....n

NOMS Tels qu'ils sont dans le Manuscrit.	NOTES.
Mad. de la Touche...	« Qui fit une escapade en Angleterre avec le Duc de Kingston ».
Le duc de Kingston.	
Madame Darty , (la maîtresse , et bien plus l'amie , l'unique et sincère amie du Prince de Conti). Le Prince de Conti...	« Femme adorable autant par la douceur , par la bonté de son charmant caractère , que par l'agrément de son esprit , et par l'inaltérable gaîté de son humeur ».
de Francueil , fils de Mr. Dupin , (et beau fils de Mad.) ...	« Receveur général des finances qui voulut faire Rousseau son caissier. J. J. y travailla quelque tems : mais à la fin il se dégoûta du métier. Francueil avait de l'esprit et de la figure ; il aimait et cultivait les talens. Il aspirait à l'Académie des sciences. Il voulait pour cela faire un Livre , et aurait été bien aise d'avoir J. J. pour espèce de secrétaire ».

TOMES.	LIV.	PAG.	LETTRES INITIALES.
XXXI.	7e.	45.	Le Cte. de M.....
	7e.	45.	Le Cher. de M...s.
	7e.	46.	L'abbé de B...s.
	7e.	51.	Mr. de F.....y.

NOMS Tels qu'ils sont dans le Manuscrit.	NOTES.
Le Cte. de Montaigu.	« Capitaine aux gardes , puis ambassadeur à Venise; il ne remplit pas cette place avec beaucoup de distinction. C'était un ambassadeur de la façon de Barjac. Rousseau fut son secrétaire , mais il essuya de sa part bien des désagrémens. ».
Le Cher. de Montaigu (son frère).	« Gentil-homme de la manche du Dauphin ; homme d'esprit, qui par ses sollicitations fut cause que J. J. fut le secrétaire d'ambassade de son frère ».
L'abbé de Binis.....	« Employé dans les bureaux du secrétariat de l'ambassadeur Montaigu ».
Mr. de Froulay......	« Il avait été ambassadeur à Venise avant Montaigu. Sa tête s'étant dérangée il fut obligé de quitter ».

TOMES.	LIV.	PAG.	LETTRES INITIALES.	NOMS Tels qu'ils sont dans le Manuscrit.	NOTES.
XXXI.	7ᵉ.	54.	Marq. de M..i	Marquis de Mari.....	« Ambassadeur d'Espagne à Venise ; homme adroit et fin, qui eut mené Monsieur de Montaigu par le nez, s'il l'eût voulu ».
	7ᵉ.	66.	Z.....o N..i	Zanetto Nani......	« Noble Vénitien ».
	7ᵉ.	71.	Le Marq. de L'h.....	Le Mis. de L'hôpital.	
	7ᵉ.	71.	Le Cte. de C......e	Cte. de Castellane ..	« Ambassadeur de France à Constantinople ».
	7ᵉ.	73.	Le Cte. de F.....y.	Cte. de Froulay.	
	7.	113.	Mad. de B.......l	Mad. de Bouzenval.	
	7.	147.	Mad. D..n.	Mad. Dupin.	
	7.	147.	Mr. de F......l	Mr. de Francueil.	
	7.	157.	Le Commandeur de G......e	de Graville......	« Vieux débauché, plein de politesse et d'esprit, mais ordurier ; il allait ainsi que J. J., chez Madame La selle, femme d'un tailleur qui donnait à manger presque vis-à-vis le cul-de-sac de l'opéra ».

TOMES.	LIV.	PAG.	LETTRES INITIALES.
XXXI.	7.	152.	Le Commandeur de N...... t.
	7.	155.	Mad. D....y.
			Elle s'appellait Mle.
	7.	156.	des C.......s
	7.	156.	Mr. D....y fils de M. de L...e de B....e
	7.	156.	Mlle. d'E....

NOMS Tels qu'ils sont dans le Manuscrit.	NOTES.
de Nonant.........	« Chevalier de toutes les filles de l'opéra, qui apportait journellement à la société toutes les nouvelles de ce tripôt ».
Mad. d'Épinay .... Elle s'appellait Mle. des Clavelles	« Femme aimable, femme d'esprit et à talens, avec qui J. J. a été lié long-tems. Elle lui donna un azile chez elle à l'Hermitage prés Saint-Denis. Avec un tempéramment très-exigeant elle avait des qualités excellentes pour en régler et en racheter les écarts ».
Mr. d'Epinay, fils de de la Live de Bellegarde, Fermier-Général.	
Mlle. d'Ette........	» Amie de Madame d'Épinay : elle passait pour méchante, et vivait avec Valory, qui né passait pas pour bon. »

TOMES.	LIV.	PAG	LETTRES INITIALES.
XXXI.	7.	158.	Mr. de B........e
	7.	159.	Mlle. de B........e devint bientôt Ctesse. d'H......t.
	7.	163.	Mad. de P........r

NOMS Tels qu'ils sont dans le Manuscrit.	NOTES.
Mr. de Bellegarde..	« Fermier-général. Il avait un Château à la Chevrette près Saint-Denis ».
Mlle. de Bellegarde devint bientôt Ctesse. d'Houletot..	« Belle - Sœur de Madame d'Épinay ; la bonne amie de Saint-Lambert, et qui inspira à Rousseau des sentimens si tendres lorsqu'elle était à Aubonne, et qu'il était à l'Hermitage. Elle avait l'esprit très-naturel, et très-agréable ; la gaîté, l'étourderie et la naiveté s'y mariaient très-heureusement ; pour son caractère il était angélique, la douceur d'âme en faisait le fonds : hors la prudence et la force il rassemblait toutes les vertus ; elle était d'un commerce sûr ».
Mad. de Pompadour.	« Rousseau s'est toujours senti une grande antipathie pour cette favorite : il lui écrivit néanmoins pour réclamer la liberté de Diderot, lorsqu'il fut mis au donjon de Vincennes ».

TOMES.	LIV.	PAG.	LETTRES INITIALES.	NOMS Tels qu'ils sont dans le Manuscrit.	NOTES.
XXXI.	8.	164.	Mr. de la P........	Mr. de la Poplinière.	
	8.	165.	Mr. G...	Mr. Grimm	» D'abord grand ami de J. J.; il fut par la suite un de ses détracteurs les plus acharnés. Il était Allemand, il commença par être lecteur du Prince de Saxe-Gotha : *Homme faux*, dit Rousseau, *qui ne m'aima jamais, qui n'est pas capable d'aimer et qui de gaîté de cœur, sans aucun sujet de plainte, et seulement pour contenter sa noire jalousie, s'est fait, sous le masque, mon plus cruel calomniateur* ».
	8'	171.	Le Cte. de F...	Le Cte. de Frièse.....	
	8.	183.	Mr. de L........	Mr. de Luxembourg.	« Il y eut un commerce très-intime de lettres et d'amitié entre J. J. et Madame de Luxembourg. Cependant Rousseau aimait beaucoup mieux Mr. de Luxembourg que Madame, à cause de sa bonhomie et de sa grande loyauté ».

Tomes.	Liv.	Pag.	Lettres initiales.
XXXI.	8.	185.	Mad. de C............ x
			fille unique de
	8.	187.	La viesse. R............ t,
	8.	189.	Mr. de F........ l.
	8.	197.	C............ x.
	8.	208.	Le Bar. d'H..... k.
	8.	210.	Le Cte. S........ g.

Noms Tels qu'ils sont dans le Manuscrit.	Notes.
Mad. de Chenonceaux fille unique de de Rochechouart. . . . Mr. de Francueil	« Jeune personne d'une très-grande beauté, femme de beaucoup d'esprit, et d'un mérite infini. J. J. lui trouvait l'esprit métaphysique et penseur, quoique par fois un peu sophistique; il lui donna pendant tout un été ces leçons d'Arithmétique ».
Chenonceaux. . . . . . . d'Holback.	« Ce Baron, fils d'un parvenu, jouissait d'une grande fortune, dont il usait noblement, recevant chez lui des gens-de-lettres et de mérite : il avait l'avantage, par son savoir et ses lumières, de tenir bien sa place au milieu d'eux. Lié avec Diderot, il avait recherché J. J. par son entremise : son amitié pour ce grand homme ne dura pas long-tems : il fut l'âme d'une faction (1) qui le persécuta bien vivement ».

Le Comte de Schomberg, parent d'Holback.

(1) C'est ce que Rousseau appelle la cotterie Holbachique, les Holbachiens.

C

Tomes.	Liv.	Pag.	Lettres initiales.	Noms tels qu'ils sont dans le Manuscrit.	Notes.
XXXI.	8,	211.	Mlle. F..	Mlle. Fel	« Courtisanne et actrice de l'Opéra, dont Grimm s'était avisé de devenir éperdument amoureux. La belle se piquant de constance resta fidèle à Cahusac ; elle éconduisit le petit Grimm : celui-ci prit la chose au sérieux et en fut dangereusement malade ».
	8,	211.	C.....e	Cahusac	« Poëte lyrique assez médiocre, mort en 1759 ».
	8,	214.	à la C.......e	à la Chevrette	« Château de Madame d'Épinay, près Saint-Denis ».
	8,	215.	Mr. de M.....ı	Mr. de Montaigu ..	« L'Ambassadeur à Venise, dont il a été parlé ».
	8,	216.	Mr. S.....	Mr. Saurin . , . . .	« L'Auteur de *Spartacus*, de *Barnevelt* etc. qui a été l'implacable ennemi de Rousseau, sans qu'il en ait pu imaginer d'autre cause, si ce n'est qu'il portait le nom d'un homme (1) que son père a bien cruellement persécuté ».

(1). *L'immortel et malheureux Jean-Baptiste Rousseau*

TOMES.	LIV.	PAG	LETTRES INITIALES.
XXXI.	8.	217.	à C.........x
	8.	220.	Mad. D.... nièce de V.......
	8.	246.	Mr. d'A......

NOMS Tels qu'ils sont dans le Manuscrit.	NOTES.
à Chenonceaux.	
Mde. Denis, nièce de Voltaire.	« Qui n'étant alors qu'une bonne femme, dit J. J. en 1754, ne faisait pas encore du bel esprit ».
Mr. d'Argenson.....	« Ministre en 1754 ; il avait le département de l'opéra : il se montra très-injuste à l'égard de J. J. quand celui-ci lui présenta ses réclamations contre les procédés des acteurs de l'opéra. Cette injustice ne contribua pas à augmenter l'estime très-médiocre qu'il eut toujours pour son caractère et pour ses talens ».

TOMES.	LIV.	PAG.	LETTRES INITIALES.
XXXI.	8.	255.	G.........e

NOMS Tels qu'ils sont dans le Manuscrit.	NOTES.
Gauffecourt	« Fils d'un horloger de Genève, horloger lui-même qui eut la fourniture des sels du Valais, place qui lui rapportait 20,000 l. de rente. Il était ami de J. J., ami même dès sa jeunesse; dans un voyage cependant qu'il fit à Genève, en 1754, avec Thérèse et J. J. quoiqu'âgé de plus de 60 ans, podagre, impotent, usé de plaisirs et de jouissances il travaillait à séduire et à corrompre Thérèse; qui pourtant n'était plus ni belle, ni jeune et qui sur-tout appartenait à son ami. Encore usa-t-il des stratagêmes les plus bas, les plus honteux; il eût recours à des tentatives, et à des manœuvres plus dignes d'un satyre et d'un bouc que d'un honnête-homme ».

TOMES.	LIV.	PAG.	LETTRES INITIALES.
XXXI.	8.	264.	V.....
	8.	265.	V......e.
	8.	265.	un T.........
	8.	26	C.........

NOMS Tels qu'ils sont dans le Manuscrit.	NOTES.
Vernes	« Ministre à Genève dont Rousseau augura beaucoup d'abord mais sur le compte duquel il changea ensuite, il fut un des plus vifs persécuteurs de J. J. sur-tout lorsque banni de France et de Genève, il s'était retiré à *Motiers-Travers* ».
Vernet .... un Théologien.	« Professeur à Genève qui tourna le dos à J. J. comme tout le monde, après que celui-ci lui eut donné des preuves d'attachement et de confiance qui l'auraient du toucher, si *un Théologien, pouvait être touché de quelque chose* ».
Chappuis	« Commis et successeur de Gauffecourt qu'il voulut supplanter pour les sels du Valais, et qui bientôt fut supplanté lui-même ».

TOMES.	LIV.	PAG.	LETTRES INITIALES.
XXXI.	8.	265.	M.....de M.......÷
	8.	265.	M......÷
	8.	267.	C..........▩

NOMS Tels qu'ils sont dans le Manuscrit.	NOTES.
Marcet de Mézières..	« Ancien ami du Père de J. J. Il s'était aussi montré le sien ; après avoir bien mérité de sa patrie, il changea de maximes, et devint ridicule avant sa mort ».
Moulton (le fils) ...	« Jeune homme de la plus grande espérance par ses talens et par son esprit plein de feu : J. J. l'aima toujours, quoique sa conduite ait été souvent très-équivoque. Avec tout cela J. J. ne pouvait s'empêcher de le regarder encore comme appellé à être un jour le défenseur de sa mémoire, et le vengeur de son ami ».
Crommelin	« Résident de la République de Genève à Paris. C'était un petit homme noir et méchant ».

TOMES.	LIV.	PAG.	LETTRES INITIALES.
XXXI.	8.	263.	C........ c.
	8.	*272.	T.......
			Le complot
			Les T...... &.
	8.	272.	Le D.... &.
			La cotterie
	9.	280.	H.... chique.
	9.	287.	C........ &.

NOMS Tels qu'ils sont dans le Manuscrit.	NOTES.
la Chevrette.	
Tronchin ...... que formaient les Tronchins. d'asservir leur patrie. Le Docteur Tronchin.	« Médecin Genevois. Il vint quelque-tems à Paris faire le *Saltimbanque*, il témoigna d'abord à Rousseau beaucoup de bienveillance ; puis il fut un de ses plus grands calomniateurs, sans avoir eu jamais de lui le moindre sujet de plainte ».
Holbachique	« Fameuse cotterie dont le Baron d'Holbach était chef, et dont Diderot, Grimm, etc. faisaient partie : c'est cette faction qui suscita tant de tracasseries à J. J., et dont il se plaint si amèrement dans ses Confessions ».
la Chevrette	« Village près Saint-Denis, où Madame d'Épinay avait un Château et d'autres possessions &c. »

TOMES.	LIV.	PAG.	LETTRES INITIALES.
XXXI.	9.	294.	Mad. d'A......a.
	9.	337.	Mlle. de G......d.
			La cotterie
	9.	341.	H........c.
	9.	348.	Mad. d'H.......
			fille de feu
		348.	Mr. de B.......

NOMS. Tels qu'ils sont dans le Manuscrit.	NOTES.
Mad. d'Aiguillon..	« Elle avait été une des principales amies de l'Abbé de Saint-Pierre, pour qui elle conserva toujours un grand respect et une extrême affection ».
de Graffeuried	« C'est cette même demoiselle dont il est parlé au livre IV, et dont J. J. fit connaissance ainsi que de Mademoiselle Galley en se promenant aux environs d'Annecy, et avec qui il fut à Tounes monté en croupe derrière elle ».
La cotterie Holbachique.	
Mad. d'Houdetot.	
fille de feu Mr. de Bellegarde.	

Tomes.	Liv.	Pag.	Lettres initiales.
XXXI.	9.	348.	Mr. d'.....y.
	9.	348.	de la L....
	9.	348.	de la B....
	9.	349.	de la C.....e.
		349.	Mt. de S. L....t.
	9.	362.	H.......s.
	9.	36.	Cte. d'H......

NOMS Tels qu'ils sont dans le Manuscrit.	NOTES.
sœur de Mr. d'Epinay, et de M. M. de la Live	« J. J. se loue beaucoup des attentions de Mr. de la Live à son égard ».
et de la Briche, aux fêtes de la Chevrette.	
Mr. de S. Lambert...	« Homme d'un vrai mérite, connu avantageusement dans la République des lettres, qui réunit aux qualités les plus agréables de l'esprit, des vertus, et les plus rares talens : il fut l'ami intime de Madame d'Houdetot ».
Les Holbachiens.	
Cte. d'Houdetot	« Homme de condition, brave militaire, mais joueur, chicaneur, très-peu aimable, et que sa femme n'a jamais aimé ».

TOMES.	LIV.	PAG.	LETTRES INITIALES.
XXXI.	9.	372.	Mad. de L.....e.
	9.	384.	Mad. de B.......e.
	9.	385.	Mr. de C......s
	9.	387.	Mr. de M.......y.
	9.	413.	La m.....d'A..e.
	9.	424.	Le G....

NOMS Tels qu'ils sont dans le Manuscrit.	NOTES.
Mad. de Larnage...	« La même avec laquelle J. J. lia si ample connaissance dans son voyage à Montpellier ».
Mad. de Blainville..	«Dans plusieurs voyages qu'elle fit à Aubonne pour voir sa belle-sœur Madame d'Houdetot, celle-ci l'avait souvent laissé s'ennuyer à garder le mulet. Madame de Blainville en avait nourri contre J. J. un ressentiment qu'elle satisfaisait en lançant contre lui des sarcasmes ».
Mr. de Castries ; Maréchal de France.	
Mr. de Margency ...	« Gentilhomme ordinaire du Roi ; il fut l'ami de J. J. dont il était voisin par sa terre de Margency près Montmorency ; il fut quelque-tems de la cotterie Holbachique, mais il l'eut bientôt quittée ».
La maison d'Aine.	
Grimm	N. B. Dans le Manuscrit au lieu de Grimm, il y a ces mots: l'ancien petit cuistre qui chez le Prince de Saxe-Gotha, etc.

TOMES.	LIV.	PAG.	LETTRES INITIALES.
XXXI.	9.	424.	Le p..... de S... G..t.
	9.	428.	R........ t.
	9.	428.	de P ..... c.
	9.	430.	Le Cte. de S...... g.
	9.	428.	feu Cte. de F .... e.
	9.	436.	J ....
	10.	61.	T ....
	10.	81.	Le Cte. d'H .....:4.
	10.	81.	Mad. de B........ e.
	10.	84.	Mr. de la L....
	10.	91.	S .... s.

NOMS Tels qu'ils sont dans le Manuscrit.	NOTES.
Le prince de Saxe Gotha. Madame de Rochechouart. Le vicomte de Polignac.	
Le C. de Schomberg. Feu Cte. de Frièse ..	« Deux amis de Grimm, sur-tout M^r. de Schomberg avec qui il était beaucoup plus familier ».
Jongleur	« Sur-nom que J. J. donne à Tronchin, qu'il appelle aussi dans un autre endroit *Saltimbanque* ».
Tronchin. d'Houdetot. et sa sœur de Blainville. de la Live.	
Saurin, (père).....	« Connu par son acharnement contre Jean-Baptiste Rousseau, et par son hipocrite abjuration. Aussi J. J. l'appelle-t-il *Le fourbe Saurin* ».

TOMES.	LIV.	PAG.	LETTRES INITIALES.
XXXII.	10.	93.	Le père B . . . . . r.
	10.	97.	Mr. D . . . n.
	10.	97.	C . . . . . .

NOMS Tels qu'ils sont dans le Manuscrit.	NOTES.
Le père Bertier	« Oratorien de Montmorency, professeur de physique, auquel malgré quelque léger vernis de pédanterie, J. J. s'était attaché par un certain air de bonho- mie, qu'il ne lui trouva pas long-tems ; il avait l'art de se fourrer par - tout, chez les grands, chez les femmes, chez les dévots, et chez les phylosophes ; il savait se faire tout à tous ».
Mr. Dupin.	
Coindet	« Jeune Genevois, qui s'était introduit chez J. J.; ce fut lui qui se chargea de la direction des dessins et des planches de la Nouvelle-Héloïse. C'était un singulier corps que ce Coindet, ajoute Rousseau !... Entrant hardi jusqu'à l'effronterie, il se tenait continuellement à l'affût de tous les amis de J. J. pour s'introduire chez lui ».

TOMES.	LIV.	PAG.	LETTRES INITIALES.	NOMS Tels qu'ils sont dans le Manuscrit.	NOTES.
XXXII.	10.	98.	L'abbé T.....t	L'abbé Trublet....	« Manière de *demi-caffard*, l'on connaît toutes les épigrames de Voltaire contre Trublet, mais on sait aussi qu'il a fait les *Essais de littérature et de morale*. Et cet ouvrage lui assure de l'estime parmi les gens-de-lettres »
	10.	102.	Mr. de J.....e	Mr. de Jonville....	« Honnête et galant-homme, aimable même à certains égards, mais il avait peu d'esprit, il était beau, tant soit peu Narcisse, et passablement ennuyeux: il fêtait beaucoup J. J.; il devint même peu-à-peu si empressé de l'avoir qu'il en était gênant ».
	10.	102.	Mr. de M.....u	de Montaigu, l'Ambassadeur.	

TOMES.	LIV.	PAG.	LETTRES INITIALES.	NOMS Tels qu'ils sont dans le Manuscrit.	NOTES.
XXXII.	10.	107.	Mr. de L........	de Lamoignon..... de Malesherbes....	« Homme d'une droiture à toute épreuve, mais aussi faible qu'honnête, il nuisait quelquefois aux gens-de-lettres pour lesquels il s'interressait ; il fut long-tems chargé de la librairie, qu'il gouvernit avec autant de lumière que de douceur, et à la grande satisfaction des gens-de-lettres : il témoigna toujours beaucoup de bontés pour J. J., et chercha tous les moyens de lui être utile ».
	10.	109.	Mr. de P.......r	Mr. de Pompadour.	
	10.	125.	Mad. de L.......g	Mad. de Luxembourg.	
	10.	176.	Duchesse de B.....s	de Boufflers.	
	10.	42.	Mr. C......	Mr. Coindet	
				Commis de	
	10.	142.	Mr. T.......:	Mr. Thélusson.	

Tomes.	Liv.	Pag.	LETTRES INITIALES.
XXXII.	10.	147.	Marq. de V........
	10.	147.	à S...y
	10.	147.	Mlle d'A..
	10.	147.	Comte d'A..
	10.	147.	Mr. de V.......

NOMS Tels qu'ils sont dans le Manuscrit.	NOTES.
Marq. de Verdelin.. Soisy, (près Mont-morency). Mlle. d'Ars ...... fille du Comte d'Ars ...... avait épousé Mr. de Verdelin....	« Fille du Comte d'Ars , homme de condition , mais pauvre. Elle avait épousé Monsieur de Verdelin, vieux , laid , sourd , dur , brutal, jaloux , balafré , borgne , au demeurant bonhomme , quand on savait le prendre , et possesseur de quinze à vingt mille livres de rentes aux quelles on la maria. Ce mignon , jurant, criant, grondant, tempêtant , et faisant pleurer sa femme toute la journée , finissant par faire toujours ce qu'elle voulait, et cela pour la faire enrager , attendu qu'elle savait lui persuader que c'était lui qui voulait , et elle qui ne voulait pas. Voisine de J. J. elle rechercha sa société avec empressement ; au demeurant elle était mordante dans la conversation ; elle avait toujours quelques traits malins et épigrammatiques ».

D 3

TOMES.	LIV.	PAG	LETTRES INITIALES.
XXXII.	10.	182.	Mad. de B......s
	11.	201.	L'abbé de B.....s

NOMS Tels qu'ils sont dans le Manuscrit.	NOTES.
Mad. de Bouflers...	« Elle fut la maîtresse du Prince de Conti. Elle allait souvent voir Rousseau à Montmorency ; elle était belle et jeune alors, ne voilà-t-il pas que J. J. perd de vue ses 60 ans, et que, pour peu il allait devenir le rival du Prince de Conti ».
L'abbé de Bouflers.	« Si connu depuis sous le nom de Chevalier de Bouflers. Doué de beaucoup d'esprit, il eût pu réussir à tout, mais l'impossibilité de s'appliquer et le goût de la dissipation, ne lui ont permis d'acquérir que des demi-talens en tout genre ; *en revanche il en avait beaucoup*, et c'était tout ce qu'il fallait dans le grand monde où il vou-

TOMES.	LIV.	PAG.	LETTRES INITIALES.
XXXII.	11.	201.	L'abbé de B.....s
	11.	205.	Mad. d'E.....s.
	11.	230.	Mr. de...........
	11.	236.	Mr. le C.........
	11.	242.	M.....n

NOMS Tels qu'ils sont dans le Manuscrit.	NOTES.
L'abbé de Boufflers..	lait briller. Il faisait très-bien des petits vers, écrivait très-bien de petites lettres, *allait jouaillant un peu du Cistre*, et *barbouillant un peu de peinture au pastel*. Comme il était très-assidu chez Madame de Luxembourg, Rousseau s'imagina qu'il avait contribué à réfroidir l'estime dont il jouissait auprès de cette dame ».
Mad. d'Étioles, premier nom de Madame de Pompadour.	
Mr. de....., Président à Mortier au Parlement de.....	
Le Chancelier.	
Moulton	« Jeune Génevois dont J. J. faisait un grand cas. »

TOMES.	LIV.	PAG.	LETTRES INITIALES.
XXXII.	II.	243.	Les Commères
	II.	246.	Mad. de P.....r
	II.	254.	C........s

NOMS Tels qu'ils sont dans le Manuscrit.	NOTES.
Feraud et Minard...	« Deux jansénistes de la connaissance du père Bertier, qui les avait introduits chez J. J., c'était des enfans de Melchisédech, dont on ne connaissait ni le pays, ni la famille, ni probablement le vrai nom; l'un grand, benin, patelin, Mr. Feraud; l'autre petit, trapu, ricaneur, pointilleux, s'appellait Mr. Minard. Thérèze les nommait les Commères, et ce nom leur en est resté à Montmorency ».
Mad. de Pompadour. Mr. le Comte de Charolais......	« Qui ne connaît pas toutes les atrocités de ce prince scélérat et barbare! C'est par allusion à co monstre que Rousseau vers la fin de son *Emile*, fait au nom de l'humanité révoltée une sortie violente et vraie contre ces infâmes tyrans, qui pompaient impitoyablement la substance de leurs timides vassaux.

TOMES.	LIV.	PAG.	LETTRES INITIALES.
XXXII.	11.	263.	H........ e
	11.	275.	de M......x
	11.	280.	Mr. de C.......l

NOMS Tels qu'ils sont dans le Manuscrit.	NOTES.
Fabrique Holbachique.	
Mad. la Maréchale de Mirepoix	« Femme extrêmement froide, décente et réservée, mais non tout-à-fait exempte de la hauteur naturelle à la Maison de Lorraine. Elle n'avait jamais témoigné beaucoup d'attention à J. J. Cependant se trouvant chez Madame de Luxembourg, lorsqu'il fut obligé de s'évader, elle se montra extrêmement compatissante à ses malheurs ».
Mr. de Choiseul	« Malgré l'éloge que J. J. en fait dans le *Contrat Social*, il se réunit cependant contre lui avec ses autres adversaires, lors de l'impression de l'Émile. Rousseau le soupçonna même d'être l'auteur caché de toutes les persécutions qu'il éprouva en Suisse ».

Tomes.	Liv.	Pag.	Lettres Initiales.
XXXII.	12.	335.	T.....n
	18.	342.	L....,d

NOMS Tels qu'ils sont dans le Manuscrit.	NOTES.
Trônchin	« Procureur-Général à Genève, homme d'esprit , homme très-éclairé dans les loix et le gouvernement de la République. Il fit en faveur du Conseil de Genève un ouvrage qu'il intitula *Lettres écrites de la Campagne.* C'est ce titre que J. J. à parodié par celui des *Lettres écrites de la Montagne*, qu'il fit pour réfuter les premières ».
Laliaud	« De Nismes. Il fut très-zélé, dit J. J. pour lui rendre beaucoup de petits services , pour s'entremêler beaucoup dans ses petites affaires. Passionné pour Rousseau , il fit exécuter son buste en marbre par Le Moine »,

TOMES.	LIV.	PAG.	LETTRES INITIALES.
XXXII.	12.	343.	Mr. S.....r. de St. B.....n.
	12.	346.	Les D...e.
	12.	347.	Mr. d'I......
	12.	365.	Le R... de F....
	12.	379.	Mad. de V.......n.

NOMS Tels qu'ils sont dans le Manuscrit.	NOTES.
Mr. Seguier de St. Brisson	« Officier du Régiment de Limousin, qui avait d'abord donné sa démission pour apprendre le métier de Menuisier. Le tout pour faire le petit Émile; puis qui s'est fait auteur de deux à trois brochures. L'engoûment de Saint-Brisson pour Rousseau ne dura pas long-tems ».
Les Deluc (père et fils), de Genève.	
Mr. d'Ivernois......	« Commerçant de Genève; Français réfugié. Ce Monsieur d'Ivernois passait à Moitiers deux fois l'an, tout exprès pour voir J. J., il était du reste d'une ignorance extrême, et lui était à charge par ses importunités excessives ».
Le résident de France.	
Mad. de Verdelin.	

TOMES.	LIV.	PAG.	LETTRES INITIALES.
XXXII.	12.	384.	R....n.
	12.	384.	Les d'I......s.
	12.	384.	B..de la T...
	12.	385.	Mad. G......r.

NOMS Tels qu'ils sont dans le Manuscrit.	NOTES.
Le banneret Roguin	« Matérialiste et incrédule au dernier point, qui malgré toutes les caresses et les flatteries qu'il faisait à J. J. n'en avait pas moins été ardent à vouloir l'expulser d'Yverdun et de l'état de Berne ».
Les d'Ivernois.	
Boy de la Tour , (Pierre)	« Il était si bête , si butor ; et se comporta si brutalement envers Rousseau que ce dernier pour se venger de ses brutalités fit une brochure , qu'il intitula: *La vision de Pierre de la Montagne* ».
Mad. Girardier	« Belle-sœur de Madame Boy de la Tour, qui vit de très-mauvais œil , que J. J. occupât à Moitiers-Travers , une Maison sur laquelle elle avait quelques prétentions ».

TOMES.	LIV.	PAG.	LETTRES INITIALES.
XXXII.	12.	386.	V.....
	12.	386.	B....t.
	12.	387.	....
	12.	387.	Coureur de B.....
	12.	400.	un Mr. du T..... x.

NOMS Tels qu'ils sont dans le Manuscrit.	NOTES.
Vernes	« Le même dont il a été déjà parlé, qui était Ministre à Genève et dont J. J. avait si bien auguré ».
Bonnet	« Naturaliste très-connu ; J. J. le traite de matérialiste ».
Pourri de vérole	
Coureur de Bordel.	
Mr. du Terreaux ...	« Un des ennemis de J. J. ; qui le persécutèrent à Moitiers-Travers ».

Collationné sur les Manuscrits qui sont au Comité d'instruction publique.

FIN.

N. B. Il y a dans l'édition de Genève dix-à-onze pages qui ne se trouvent pas dans le Manuscrit, à commencer à la page 433 du 32e. volume, ligne onzième : *sur-tout avec la précipitation qu'on me prescrivait &c. &c.*